LIDERAZGO
y SISTEMAS

JA PÉREZ

Liderazgo y Sistemas

Keen Sight Books

Puede encontrarnos en la red en: www.KeenSightBooks.com
Reportar errores de imprenta a errata@keensightbooks.com

ISBN: 978-1-947193-09-3

Printed in the U.S.A.

este manual es dedicado a todos los líderes que laboran con nosotros en nuestra querida América

Contenido

Esta literatura

Esta serie intenta comunicar al alumnado, doce columnas básicas elementales, necesarias para establecer los fundamentos sólidos sobre los cuales reposa el liderazgo sano.

No son éstos los únicos principios o conceptos que regulan la formación de un líder, sin embargo, estas doce áreas cubiertas en el libro, establecerán una buena base sobre la cual edificar.

Misión de la Escuela de Liderazgo Internacional

Levantar, equipar y enviar líderes de estatura, probados y consagrados, con visión global —listos para sentarse a la mesa con aquellos que moldean culturas, influyen decisiones y diseñan las ideas que dirigen el curso de vida en sus respectivos países.

¿Cómo lo hacemos?

A éstos procuramos proporcionar principios culturalmente sensitivos en un contexto internacional y ésto en sesiones exclusivas —todo en un marco de tiempo que líderes realmente ocupados pueden manejar.

Impacto a largo plazo

Líderes se han de formar con una mentalidad de impacto a largo plazo. Asegurando que la experiencia adquirida por los mismos se transmita de manera exponencial, a medida que se comprometen a influir a otros líderes y comunidades.

1

Proceso es más importante que metas

Posiblemente ya estemos saliendo de lo que fué una generación obsesionada con metas.

En los últimos veinte o treinta años hubo un auge en la cantidad de libros y métodos en cuanto a cómo ponernos y conquistar metas.

Esto ha sido parte el el énfasis que la generación de los baby boomers puso en el área de producción y rendimiento.

Créame que yo vengo de ese trasfondo, y creo profundamente en trabajar arduamente y ser productivo. La dedicación al trabajo es un valor saludable y bueno.

Sin embargo, estoy seguro que podemos lograr llegar al mismo fin deseado sin la presión y el stress que producen algunos de los métodos que se enseñan en cuanto a conquistar metas.

El otro problema es que la presión que hemos puesto en

producir resultados es tal, que en muchas ocasiones hemos ligado nuestra identidad a lo que producimos. En otras palabras, corremos el peligro de poder llegar a pensar que valemos lo que producimos.

La presión que nos auto-imponemos de *"producir"* es un enemigo que roba la paz.

Tu victoria está en *"quien eres"* NO en *"qué produces"*.

Nuestra identidad no debe reposar en lo que producimos o en el logro de nuestras metas. Esta reposa en el hecho de que Cristo está en nosotros, y ya estámos completos en Él.

Nuestra seguridad es completamente independiente de nuestros logros.

> *...y vosotros estáis completos en él, que es*
> *la cabeza de todo principado y potestad.*
> *Colosenses 2:10*

Un camino más excelente

Yo creo que aunque sí es importante que tengamos visión clara en cuanto hacia dónde vamos, no debemos poner un énfasis desmedido en las metas.

En lugar de metas, por qué no pensamos en sistemas, en hábitos, los cuales nos llevarán al mismo lugar con la diferencia que lo haremos sin presión y disfrutaremos más el proceso.

Permítame compartir con usted algunos pensamientos sobre por qué la práctica de crear buenos hábitos es importante para que vivamos una vida mejor, más sencilla y con mayor gozo.

2

Hábitos en lugar de metas

Si usted necesita perder 100 libras de peso, ésto pudiera crearle mucha presión. ¿Por qué no nos concentramos en sólo perder una pocas libras por ahora?

Podríamos crear algunos hábitos saludables que con el tiempo produzcan resultados. Concéntrate en perder una libra y ya que has perdido esa libra, entonces celebra que has manejado bien ese nivel y continúa practicando ese nuevo hábito. Repite el proceso de perder una sola libra.

Pudiera ser un hábito que consiste en comer ciertos tipos de alimentos en lugar de otros, o el hábito de caminar largas distancias.

Mientras practicas este nuevo hábito, será más fácil y eventualmente cosecharás los buenos resultados sin estresarte, sin frustración y sin desánimo.

La idea de nuevos hábitos es no crear altas expectaciones, pero sí un buen ritmo.

Altas expectaciones traen desánimo si llegar a la meta comienza a parecer más lento que lo esperado. Por eso digo: *"Olvida las metas"*. Crea más bien un ritmo. Un proceso que te llevará al lugar deseado.

Verás que, mientras caminas por esa senda, comenzarás a amar el proceso.

No lo apures. Para y huele las flores, y antes de que te des cuenta habrás llegado a tu destino. Y arribarás feliz, lleno de gozo y listo para crear tu siguiente aventura.

3

Hábitos en lugar de resoluciones

Existe un parque cerca de donde vivo. Es interesante que cada año nuevo, los primeros días del año cuando salgo a hacer mi caminata de la mañana en los trillos que están detrás del parque veo a mucha gente corriendo alrededor del parque —un año pude contar más de 60 personas.

Lo más interesante es que ya para la segunda semana del año, ese número comienza a bajar, y para la tercera semana el número de entusiastas ha bajado a lo usual, osea a cuatro o cinco corredores, que son los que corren en ese parque el resto del año.

¿Qué pasó con todos los más de sesenta corredores que venían al parque a correr los primeros días del año?

Bueno. Esos son los que comenzaron el año con una lista de nuevas resoluciones.

Es muy curioso ver lo rápido que la gente rompe esas resoluciones de año nuevo, sólo para caer en culpabilidad y desánimo.

Me gustaría mostrarle un camino más excelente.

Olvida las resoluciones de nuevo año. Olvida el ponerte altas metas.

¿Qué pasaría si diseñamos un sistema? Una costumbre. Un modo de vida donde el proceso es la meta.

En lugar de preocuparnos por alcanzar una meta, ¿por qué no nos enfocamos mejor en el gozo de con calma observar la vida alrededor nuestro mientras caminamos la senda de repetir una acción?

De eso se trata la ciencia de crear nuevos hábitos. Se trata de crear un ritmo que nos permita disfrutar la vida alrededor nuestro. Así, mientras nos enfocamos en la cosas que son importantes, aprendemos a separarnos de las distracciones que nos roban el gozo, la paz y el contentamiento.

4

Creando nuevos hábitos

Yo hablo en detalles en cuanto a como crear nuevos hábitos paso por paso en mi libro: *Create 3 New Habits* (inglés), pero quisiera aquí compartir unas palabras sobre el proceso de crear nuevos hábitos.

Sean hábitos referentes a productividad, o hábitos saludables que mejoran nuestra vida espiritual, como por ejemplo, crear una vida de oración y continua reflexión en la palabra de Dios, o hábitos que mejoren nuestra salud física; todos consisten en el proceso de repetir disciplinas que con el tiempo se convierten en parte de nuestro ritmo diario.

En el área de productividad, llamo a estos hábitos: sistemas.

Sistemas

Aquellos que se convierte en un mecanismo.

Permítame dar un ejemplo.

En América Latina, por años ví cómo después que

concluíamos un evento evangelístico masivo, y entregábamos la lista de nuevos creyentes a los pastores, pocos de los que habían pasado al frente a recibir a Cristo quedaban realmente en las iglesias.

Con el tiempo nos dimos cuenta de que en realidad el problema no consistía en la disposición. Todos estaban dispuestos a hacer el trabajo de discipular a los nuevos creyentes y añadirlos a las iglesias, sin embargo, no sabían como. No existían precedentes, manuales, herramientas, etc... y por eso la mayor parte de las veces lo más que recibía un nuevo creyente era una llamada por teléfono y una invitación a la iglesia.

Evidentemente, esto no es suficiente.

Las personas vienen a Cristo con graves problemas en sus vidas. Algunos tienen problemas familiares, otros problemas de trabajo, otros adicciones, y otros tienen el problema de que son buenos religiosos, y este último es peor que todos los problemas mencionados anteriormente.

Los miembros de las iglesias tenían buena intención, lo que se necesitaba era un sistema.

Como respuesta a esta necesidad, diseñamos el sistema de discipulado y seguimiento que hoy conocemos como transformación de ciudad.

Un método con el cual después de un festival, durante doce semanas, los nuevos creyentes son visitados, atendidos específicamente conforme a sus necesidades individuales o de familia, y sistemáticamente enseñados sobre lo que significa estar en Cristo y ser ahora parte de la familia de Dios. Al final de las doce semanas estos ya deben estar integrados a la vida de la iglesia, y continuarán como parte de un grupo de estudios bíblicos en casa o en algún lugar cerca de donde viven.

Productividad y ritmo de trabajo diario

Tengo claramente definido el fin de cada proyecto. Sin embargo, he creado la costumbre de dividir los proyectos en capítulos o partes pequeñas.

Solamente me concentro en esa parte pequeña, una vez lograda, celebro el haber conquistado ese nivel, entonces sigo hacia el próximo.

Lista de 3 cosas

Es importante tener escrito todo lo que queremos completar en un día, como parte de un proyecto grande.

Yo antes ponía todo en una lista, y era una lista larga, lo cual me creaba mucha ansiedad.

Entonces creé un sistema. Una lista diaria de solo tres cosas.

Esta lista corta me mantiene enfocado en algo que es alcanzable.

Todo lo otro lo paso a la lista general del proyecto, pero esa lista no tiene mi atención directa diaria. Mi atención está en la lista de tres cosas.

Cada vez que completo una de las cosas en la lista, me tomo unos minutos para celebrar.

La celebración no es una fiesta (no se asuste), es solo tomar unos minutos para hacer una pausa y reconocer en mi mente que he completado algo. Si es posible, salgo de la oficina y camino afuera por unos minutos, tomo agua, estiro mis pies, etc... Lo importante es hacer la pausa. Ésto me dá un sentido de logro, de realización y trae contentamiento.

Estos pequeños momentos de celebración, añaden gozo, me renuevan, y me permiten tomar lo que sigue en la lista descansado y sin presión.

Si termino las tres cosas en la lista de este día temprano y tengo tiempo entonces traslado algo de la lista general del proyecto, y lo hago sabiendo que no estoy obligado, pues ya tuve un día productivo.

5

No multitareas

La idea de multitarea (multitasking) se há convertido hoy en toda una práctica en los centros de trabajo; principalmente porque la información está viajando a gran velocidad y además en tiempo real recibimos comunicación desde diferentes plataformas como: correo electrónico, messenger, teléfono, celular, videoconferencias, fax, redes sociales etc...

El término multitasking surge de la informática y se relaciona al momento en el que la CPU ejecuta de manera independiente dos procesos diferentes. Tomando en cuenta esto, podemos decir que multitasking corresponde a la acción de realizar más de una tarea a la vez, siendo *"eficientes"* y *"economizando tiempo"*.

Sin embargo, los seres humanos no fuimos diseñados para esto.

Paradójicamente a las ventajas profesionales que una persona puede tener por ser multitask, ésta puede acarrearle daños a su memoria y salud, sumado a la baja calidad que podría ofrecer en sus trabajos, debido a que, al estar haciendo varias actividades al mismo tiempo, ninguna de estas tareas se ejecuta con la atención debida.

Investigadores de la Universidad de California (UCLA) descubrieron que el comportamiento multitasking crea una lucha entre dos partes del cerebro. Al realizar múltiples actividades, se da una batalla entre el hipocampo, que es el encargado de guardar y hacernos recordar información y el telencéfalo, que se encarga de las tareas repetitivas, dando como resultado que al ejecutar diversas tareas se tendrá mayor dificultad para recordar las cosas que se acaban de hacer.

Una persona que sobrecarga su cerebro automáticamente activa respuestas de estrés, libera adrenalina y mantiene al sistema nervioso en un estado de hipervigilancia, provocando problemas de salud y psicológicos.

Los padecimientos relacionados con el estrés y que algunas personas multitareas presentan son: insomnio, ansiedad, dolor de cabeza, gastritis, colitis, irritabilidad, mal humor, tensión muscular, entre otros.

¿Qué se puede hacer para evitar caer en este síndrome?

1- Desconéctate: Si estás en una reunión importante es imprescindible que te desconectes de cualquier dispositivo electrónico que pueda distraerte, procura enfocar tu atención únicamente en la junta y en el objetivo de ésta.

Yo he creado la costumbre de salir a caminar y dejar mi teléfono celular en la oficina. Sin teléfono, mi atención está en lo que está sucediendo a mi alrededor.

Estoy alerta y disfruto las maravillas de la creación. Tengo la oportunidad de prestar atención a las aves, a la frescura del pasto verde a los lados del camino, etc...

2- Establece prioridades: haz una lista de todas las tareas que tengas que realizar y clasifica en importantes y menos importante. Comienza por las primeras. Recuerda la lista de tres cosas que mencioné anteriormente.

3- Haz una sola cosa a la vez: recuerda que antes de comenzar con una tarea nueva es indispensable que hayas terminado la que estabas desarrollando antes. Es mejor terminar una actividad con calidad que hacer muchas a la vez y a medias.

4- Concéntrate: procura estar alejado de todas las distracciones que puedes tener durante el día, si en tu empresa tienes acceso a las redes sociales, dedica espacios breves y específicos durante el día para revisarlas.

Evita estar pendiente de todas las notificaciones que te llegan durante la jornada laboral.

Plan de Trabajo

Medite en lo leído y use los espacios debajo para completar su tarea.

Si usted ha usado la versión digital de este material y lo ha tomado como curso, puede someter las respuestas electrónicamente para calificación a la siguiente dirección:

eli@japerez.com

Incluya en su correspondencia:

1- Título de este manual

2- Su nombre y apellidos completos

Alternativamente lo puede enviar por correo tradicional a:

Escuela de Liderazgo Internacional

P.O. Box 211325

Chula Vista, CA 91921 U.S.A.

¿Por qué es el *proceso* más importante que las metas?

¿Cúal es la importancia de crear *hábitos*?

¿Cómo puede un *sistema* mejorar nuestra productividad?

Explique como las *multitareas* reducen productividad en lugar de ayudarla.

¿Qué se puede hacer para mantener un ritmo productivo y sin presión?

Principios aprendidos en este manual:

_____

_____

_____

_____

_____

_____

_____

Textos o frases a memorizar:

_____

_____

_____

_____

_____

_____

_____

_____

_____

_____

Ajustes que debo hacer a mi manera de pensar:

_____

_____

_____

_____

_____

_____

_____

_____

Otras notas:

_____

_____

_____

_____

_____

_____

_____

_____

_____

_____

_____

Formando líderes con mente de reino

Con más de treinta y cinco años de ministerio, y una reconocida trayectoria internacional, que incluye estrechas relaciones con economistas, dignatarios y aquellos que moldean las culturas presentes en las naciones, el autor ha mostrado ser una autoridad en la materia de formar líderes.

Escritor, humanitario, moldeador de culturas y precursor de movimientos de cosecha en América Latina. Su mensaje atraviesa generaciones, culturas y naciones. Ha escrito varios libros y asiste a intelectuales, así como a iletrados, en la adquisición de destrezas esenciales y soluciones pragmáticas para comunicar esperanza con valentía en entornos complejos, y a veces hostiles.

Sus concentraciones masivas y misiones humanitarias han atraído grandes multitudes durante años guiando a miles a una relación personal con Jesucristo.

Él, su esposa y sus tres hijos, viven en un suburbio de San Diego en California, desde donde se coordinan todos los eventos de la asociación que lleva su nombre.

Trabajo de JA Pérez con líderes de Latinoamérica
Cuando una ciudad o provincia es impactada, con frecuencia gobernantes y líderes nacionales —senadores y congresistas— asisten al evento y reconocen el movimiento, pero los frutos mayores del proyecto completo son las miles de vidas que son transformadas por el poder del evangelio. Ese es el principal propósito de todo — comunicar las buenas noticias de Cristo.

Líderes con visión global
Los líderes que equipamos en las Américas, son quienes sostienen y dan seguimiento a movimientos de cosecha cada vez que concluye un proyecto a nivel ciudad. Ya equipados para comunicar el evangelio de una manera relevante y culturalmente sensitiva, estos corren con la comisión de hacer discípulos en cada generación y grupo étnico en todas las esquinas del continente.

Otros libros por JA Pérez

JA Pérez ha escrito más de 50 libros y manuales de entrenamiento. Todos sus libros están disponibles en Amazon.com así como en librerías y tiendas mundialmente. Libros con temas para la familia, empresa, liderazgo, economía, profecía bíblica, devocionales, inspiracionales, evangelismo y teología.

Serie Líderes

Esta serie está compuesta por doce manuales, con ejercicios y espacios para notas y tareas, de manera que el alumnado pueda recordar y poner en práctica cada uno de los principios aprendidos.

Los principios comprendidos en estos doce manuales también se encuentran en el libro *12 Fundamentos de Liderazgo* para ser usado en lectura regular.

LIDERAZGO
IRREVOCABLE

JA PÉREZ

LIDERAZGO
INTELIGENTE

JA PÉREZ

LIDERAZGO
y CONSORCIOS

JA PÉREZ

LIDERAZGO
y GOBIERNOS

JA PÉREZ

LIDERAZGO
PRODUCTIVO

JA PÉREZ

LIDERAZGO
y CAPITAL INFLUYENTE

JA PÉREZ

LIDERAZGO
INSPIRACIONAL

JA PÉREZ

LIDERAZGO
TRANSPARENTE

JA PÉREZ

LIDERAZGO
y SISTEMAS

JA PÉREZ

LIDERAZGO
y DESARROLLOS

JA PÉREZ

LIDERAZGO
INVISIBLE

JA PÉREZ

LIDERAZGO
y LEGADO

JA PÉREZ

Series Conferencias

Discipulado para Nuevos Creyentes y Estudios de Grupos

Liderazgo, Gobierno y Diplomacia

Inspiración y Creatividad en Liderazgo

Temas Varios

Crecimiento Espiritual, Principios de Vida y Relaciones — Recientes

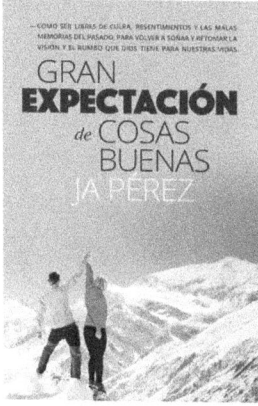

—COMO SER LIBRES DE CULPA, RESENTIMIENTOS Y LAS MALAS MEMORIAS DEL PASADO, PARA VOLVER A SOÑAR Y A RETOMAR LA VISIÓN, Y EL RUMBO QUE DIOS TIENE PARA NUESTRAS VIDAS.

GRAN
EXPECTACIÓN
de COSAS
BUENAS
JA PÉREZ

FELIZ

COMO SER LIBRES DE CULPA, RESENTIMIENTOS Y LAS MALAS MEMORIAS DEL PASADO, PARA VOLVER A SOÑAR Y RETOMAR LA VISIÓN Y EL RUMBO QUE DIOS TIENE PARA NUESTRAS VIDAS.

JA PÉREZ
LIBRO INTERACTIVO

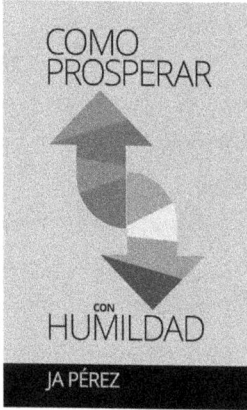

COMO
PROSPERAR

CON
HUMILDAD

JA PÉREZ

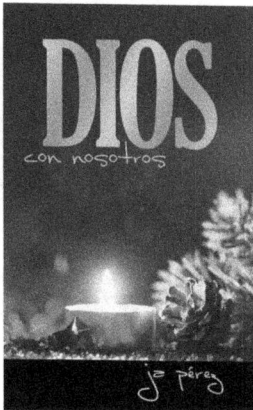

DIOS
con nosotros

ja pérez

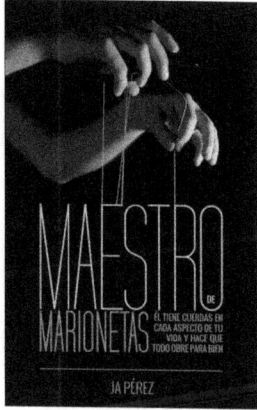

MAESTRO DE
MARIONETAS

EL TIENE CUERDAS EN CADA ASPECTO DE TU VIDA Y HACE QUE TODO OBRE PARA BIEN

JA PÉREZ

Profecía Bíblica

40
**PROFECÍAS
CUMPLIDAS**

J.A.PÉREZ

EL
FIN

ESTADO PROFÉTICO DE LAS NACIONES

J.A.PÉREZ

Teología

GRACIA
SOBERANA

SU
SACRIFICIO
fue SUFICIENTE

JA PÉREZ

Evangelismo y Colaboración

AHORA
que estoy en
CRISTO

JA PÉREZ

COMO
COMPARTIR
LAS
BUENAS
NOTICIAS

JA PÉREZ

Cosecha
latinoamérica

EVANGELISMO
EFECTIVO

JORGE ARMANDO PÉREZ VENÂNCIO

JA.PÉREZ

JUNTOS
X EL
CONTINENTE

JA PÉREZ

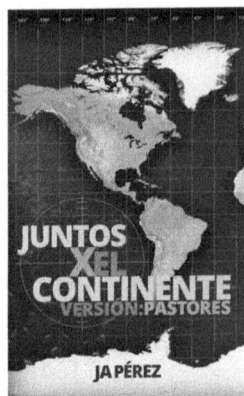

JUNTOS
X EL
CONTINENTE
VERSION:PASTORES

JA PÉREZ

Festivales y
Concentraciones

Juntos En la Jornada

Festivales y
Concentraciones

Juntos En la Cosecha

JUNTOS

Festivales y
Concentraciones

Juntos Concejo
Internacional

Devocionales

Ficción, Historietas

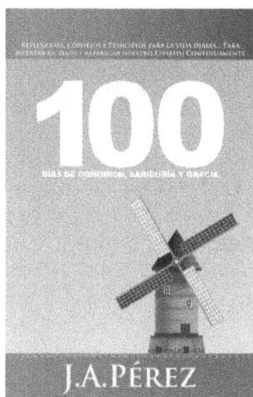

100 DÍAS DE COMUNIÓN, SABIDURÍA Y GRACIA
J.A. PÉREZ

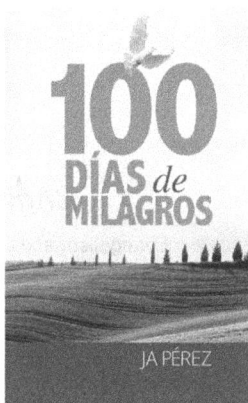

100 DÍAS de MILAGROS
JA PÉREZ

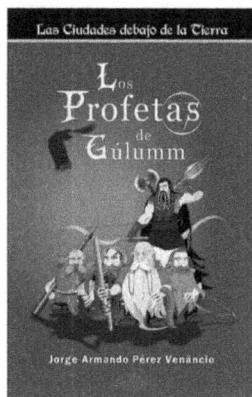

Las Ciudades debajo de la Tierra
Los Profetas de Gúlumm
Jorge Armando Pérez Venâncio

Crecimiento Espiritual, Principios de Vida y Relaciones — Clásicos

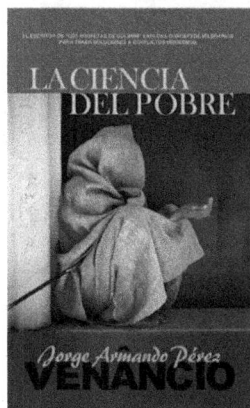

LA CIENCIA DEL POBRE
Jorge Armando Pérez VENANCIO

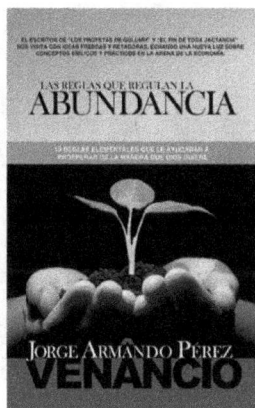

LAS REGLAS QUE REGULAN LA ABUNDANCIA
JORGE ARMANDO PÉREZ VENANCIO

Jorge Armando Pérez Venâncio
Lecciones de un viejo PROFETA mentiroso

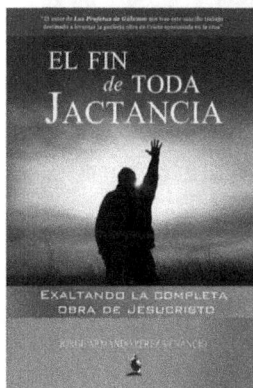

EL FIN de TODA JACTANCIA
EXALTANDO LA COMPLETA OBRA DE JESUCRISTO

Las Suegras
7
Jorge Armando Pérez Venâncio

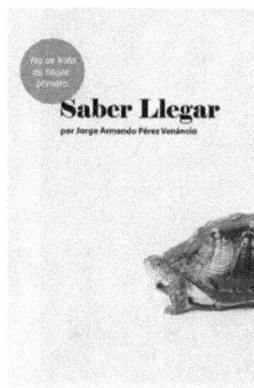

Saber Llegar
por Jorge Armando Pérez Venâncio

English

Evangelism and Collaboration

COLLAB
ORATION

YOUR
KINGDOM
OR HIS
KINGDOM

COLLABORATION
IOI
for EVANGELISTS

COLLABORATION
IOI
for CHURCHES

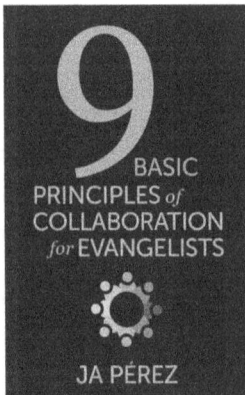

9
BASIC
PRINCIPLES *of*
COLLABORATION
for EVANGELISTS

JA PÉREZ

Together | Collaborate

Together | International Council

Contacte/siga al autor

Blog personal y redes sociales

japerez.com

@japereznow

facebook.com/japereznow

Asociación JA Pérez

japerez.org